W0270386

DAS QUIZ ZUR BELIEBTEN
WISSENSSHOW IM ERSTEN

riva

Warum spielte ein Amerikaner 1976 in einem Anhörungssaal der New Yorker Stadtverwaltung an einem Flipperautomaten?

Auf welche überlieferte Legende wird der Name des Getränks Grog zurückgeführt?

Warum werden in Gewächshäusern Töpfe mit Getreidepflanzen aufgestellt?

WER WEISS DENN SOWAS?

Vielleicht ja du. Wenn es allerdings ganz blöd läuft, ist es womöglich das gegnerische Team, das die richtige Antwort auf eine der zahlreichen Fragen dieses Kartenspiels kennt. Mit den besten Fragen aus der beliebten Wissensshow *Wer weiß denn sowas?* kannst du dein Wissen testen und viel Neues dazulernen.

Bibliografische Information der Deutschen Nationalbibliothek
Die Deutsche Nationalbibliothek verzeichnet diese Publikation in der Deutschen Nationalbibliografie. Detaillierte bibliografische Daten sind im Internet über http://dnb.d-nb.de abrufbar.

Für Fragen und Anregungen
info@rivaverlag.de

Wichtiger Hinweis
Ausschließlich zum Zweck der besseren Lesbarkeit wurde auf eine genderspezifische Schreibweise sowie eine Mehrfachbezeichnung verzichtet. Alle personenbezogenen Bezeichnungen sind somit geschlechtsneutral zu verstehen.

Originalausgabe © 2021 by riva Verlag,
ein Imprint der Münchner Verlagsgruppe GmbH
Türkenstraße 89 | 80799 München
Tel.: 089 651285-0 | Fax: 089 652096

©2021 ARD Werbung und Studio Hamburg Enterprises GmbH,
Lizenz durch Degeto Film GmbH.

Alle Rechte vorbehalten.

Umschlaggestaltung und Layout: Pamela Machleidt
Umschlagabbildung: ARD/Thomas Leidig
Satz: Carsten Klein, Torgau
Druck: Print Consult GmbH, München

ISBN Print 978-3-7423-1628-8

Weitere Informationen finden Sie unter:
www.rivaverlag.de | www.m-vg.de

KEINE LUST AUF GEISTIGES KRÄFTEMESSEN?

Möchtest du das Spiel alleine spielen oder wollt ihr nicht gegeneinander spielen? Natürlich können die Fragen auch einfach so beantwortet werden.

VIEL SPASS BEIM RÄTSELN!

SPIELVORBEREITUNG

Teilt euch in zwei Teams auf. Bei einer ungeraden Anzahl an Spielern lost ihr aus, in welches Team der übrig gebliebene Spieler kommt. Sortiert die Karten anhand der Kategorie im orangefarbenen Kasten, mischt die 13 Stapel gut durch und legt den Stapel mit der Kategorie »Masterfrage« zunächst mit der Frageseite nach oben zur Seite. Alle anderen Stapel werden in der Mitte des Tisches ausgelegt, auch hier wird die Seite mit der Frage aufgedeckt.

SPIELABLAUF

Sind die Teams gleich stark, beginnt das Team, dessen Alter addiert niedriger ist. Sind die Teams nicht gleich stark, beginnt das kleinere Team. Sucht euch eine der zwölf Kategorien aus. Ein Spieler aus dem gegnerischen Team zieht eine der Karten aus dem entsprechenden Stapel und liest die Frage und die drei Antworten laut vor. Achtet darauf, dass die Rückseite mit der Lösung immer verdeckt ist.

Ein Beispiel: Team 1 hat 5 Punkte und setzt bei der Masterfrage 2 davon. Es tippt jedoch auf die falsche Antwort und verliert die beiden Punkte, sodass es am Ende bei 3 Punkten landet.

Team 2 hat 3 Punkte und setzt bei der Masterfrage auch 2. Es entscheidet sich für die richtige Antwort. Die gesetzte Punktzahl wird verdoppelt und Team 2 gewinnt mit 5 Punkten.

untereinander beraten. Auf einen Zettel notieren sie die ihrer Meinung nach richtige Antwort und legen sie verdeckt auf ihre gesetzten Karten. Dann wird aufgelöst.

SPIELENDE

Zum Schluss wird abgerechnet. Die in der Masterfrage gewonnenen oder verlorenen Punkte werden mit den gesicherten Punkten verrechnet. Gewonnen hat das Team mit der höheren Punktzahl.

Um zu vermeiden, dass das Team, das an der Reihe ist, die Kategorie nach der offenliegenden Frage aussucht, wählt das gegnerische Team immer eine der darunterliegenden Fragen aus.

Das befragte Team darf sich beraten und muss sich dann für eine der drei Antworten (A, B oder C) entscheiden. Ist die Antwort richtig, bekommt es die Karte, die für einen Punkt steht. Ist die Antwort falsch, kommt die Karte wieder in den Stapel. Der Stapel dieser Kategorie wird von der Tischmitte auf einen Ablagestapel an der Seite gelegt, denn diese Kategorie kann nun nicht mehr gewählt werden. Nun ist das andere Team an der Reihe und darf aus den verbliebenen elf

Kategorien eine auswählen, aus der es eine Frage beantworten muss. So geht es weiter, bis alle zwölf Kategorien gewählt wurden, also jedes Team sechsmal an der Reihe war.

DAS FINALE

Wurden alle Kategorien durchgespielt, kommt es zur Masterfrage. Ein beliebiger Spieler zieht aus dem entsprechenden Stapel ohne hinzuschauen eine Karte und liest zunächst nur die Kategorie vor. Die Karte wird kurz zur Seite gelegt und die Teams überlegen, wie viele ihrer Punkte (Anzahl der erspielten Karten) sie im Finale setzen wollen.

Zu bedenken ist: Beantwortet man die Frage falsch, verliert man die gesetzten Punkte, beantwortet man sie allerdings richtig, wird die gesetzte Punktzahl verdoppelt.

Haben sich beide Teams entschieden, wie viele Punkte sie setzen wollen, legen sie die entsprechende Anzahl an Karten vor sich, aber so, dass das andere Team die Menge nicht sehen kann, bis auch dieses sich entschieden hat. Anschließend wird die Masterfrage laut vorgelesen und beide Teams dürfen sich wieder

Sprache & Literatur

Welches Gedicht beginnt mit den Worten: »Ich weiß nicht, was soll es bedeuten, dass ich so traurig bin«?

A *Loreley* von Heinrich Heine

B *Der Knabe im Moor* von Annette von Droste-Hülshoff

C *Wanderers Nachtlied* von Johann Wolfgang von Goethe

A

Loreley von Heinrich Heine

1824 verfasste Heinrich Heine das Gedicht *Loreley*, das auf die von Clemens Brentano erfundene Kunstsage *Loreley* Bezug nimmt. Es beginnt mit den Worten »Ich weiß nicht, was soll es bedeuten, dass ich so traurig bin« und thematisiert eine verschmähte Liebe.

Sprache & Literatur

Das Blatt welches Baumes machte Siegfried in der *Nibelungensage* zwischen den Schulterblättern verwundbar?

A Eiche

B Buche

C Linde

Linde

Es war das Blatt einer Linde, das Siegfried, dem Drachentöter, zum Verhängnis wurde. Der Held des aus dem zu Beginn des 13. Jahrhunderts stammenden Epos gilt als nahezu unverwundbar – aber eben nur nahezu. Beim Bad in Drachenblut fällt, von Siegfried unbemerkt, ein Lindenblatt zwischen seine Schulterblätter. Schlecht für ihn, dass Kriemhild, die davon weiß, es Hagen erzählt, woraufhin dieser Siegfried durch einen wohlplatzierten Lanzenstich tödlich verwundet.

Sprache & Literatur

Das Wort »Kandidat« lässt sich zurückführen auf ...?

A die strahlend weißen Togen römischer Senatoren

B Verehrer, die ihrer Aus-erwählten Liebesgedichte vortrugen

C die zum Zaumzeug des Pferdes gehörende Gebissstange

A

die strahlend weißen Togen römischer Senatoren

Ein Kandidat bewirbt sich um etwas oder stellt sich für ein Amt zur Wahl. Das Wort geht zurück auf das Römische Reich, in dem Senatoren und Bewerber um ein Staatsamt die »toga candida« trugen, übersetzt aus dem Lateinischen »strahlend weiße Toga«. Das Weiß sollte die guten Absichten des Amtsanwärters zeigen. Der Träger der »toga candida« wurde damals in Rom schon als »candidatus« bezeichnet. Das Wort »Kandidat« hat es im 16. Jahrhundert, vermutlich über das französische »candidat«, in die deutsche Sprache geschafft.

Sprache & Literatur

Das englische Wort »Dinner« für Abendessen geht zurück auf das …?

A altfranzösische Wort für »Frühstück«

B lateinische Wort für »Rasthaus«

C keltische Wort für »schwaches Licht«

A

altfranzösische Wort für »Frühstück«

Wer eine Dinnerparty schmeißt, lädt zum Abendessen ein. Das Wort »Dinner« leitet sich ab vom altfranzösischen, im 11. Jahrhundert gebräuchlichen Wort »disner«, was so viel bedeutet wie »die erste große Mahlzeit des Tages«. Weil diese damals gegen 9 Uhr morgens eingenommen wurde, bedeutet das Wort somit so viel wie »Frühstück«. Kulturell bedingt, wanderte die erste große Mahlzeit jedoch immer weiter nach hinten – etwa seit Ende des 18. Jahrhunderts wird in den Abendstunden diniert.

Schlagzeilen

Die 84-jährige Hsu Hsiu-e aus Taiwan und ihr 83-jähriger Ehemann wurden 2020 zu Internetberühmtheiten, weil sie ...?

A in Kleidern modeln, die in ihrem Waschsalon liegen bleiben

B heimlich an schwer zugänglichen Orten ihre Graffitis sprayen

C beim Parkourlaufen über Hausdächer gefilmt worden waren

A

in Kleidern modeln, die in ihrem Waschsalon liegen bleiben

Im ersten Halbjahr 2020 lief das Geschäft von Hsu Hsiu-e und ihrem Mann Chang Wan-ji im taiwanesischen Taichung sehr schleppend. Die plötzliche Langeweile der beiden rief ihren Enkel auf den Plan. Er brachte sie auf die Idee, zu modeln – in Kleidung, die Kunden über viele Jahre in der Wäscherei vergessen hatten. Der neu eingerichtete Social-Media-Account erreichte bald Hunderttausende Follower. Immer mehr Menschen wollten das trendige Ü-80-Paar sehen, wie es in coolen Sneakern, Shirts und Jacken posierte.

Schlagzeilen

Ein Mitarbeiter einer rheinland-pfälzischen Straßenmeisterei ...?

A fräste seinen Heiratsantrag heimlich nachts auf eine Autobahn

B fand bei Mäharbeiten am Straßenrand 30 Goldbarren

C versuchte, die Anreise des FC Bayern nach Mainz zu blockieren

B

fand bei Mäharbeiten am Straßenrand 30 Goldbarren

Im Oktober 2019 nahm der Arbeitstag eines Straßenwärters bei Pirmasens eine unerwartete Wendung. Bei Mäharbeiten an einer Bundesstraße bemerkte er ein Funkeln im Gras. Er entdeckte 30 kleine, im Scheckkartenformat verpackte Goldbarren im Wert von fast 4000 Euro. Wie die Polizei ermitteln konnte, hatte ein Kurier die Barren aus unbekannten Gründen verloren. Aus Dankbarkeit gegenüber dem ehrlichen Finder erhielt er später fünf Barren als Finderlohn.

Schlagzeilen

Der als Sänger der Band Devo bekannt gewordene Mark Mothersbaugh hat den größten Rubin der Welt gekauft, um ihn ...?

A für eine Schatzsuche an einem unbekannten Ort zu vergraben

B zu einem Kothaufen zu meißeln

C zur Dekoration seiner Modelllandschaft in 1000 Teile zu hauen

B

zu einem Kothaufen zu meißeln

Mark Mothersbaugh, Künstler und Sänger der US-amerikanischen Rockband Devo, kaufte vor einigen Jahren von einem befreundeten Edelsteinfachmann den größten Rubin der Welt. Mothersbaugh entschied, den Rubin in Form eines Kothaufens zu meißeln und ihn, als Softeis getarnt, in einer glänzenden »Waffel« aus Bronze zu präsentieren. 2017 stellte er ihn in einer New Yorker Galerie aus. »Wer also den größten Rubin der Welt besitzen möchte, muss einen Kothaufen kaufen«, so der Künstler über sein Werk.

Schlagzeilen

Nachdem die Stadt Höxter im Sommer 2020 einen Wettbewerb zur Namensfindung für das sanierte Frei- und Hallenbad ausgerufen hatte, ...?

A mussten beide Bäder gleich wieder abgerissen werden

B nahmen unerwartet 10 000 Menschen aus China daran teil

C erhielten die Bäder die Namen »Freibad« und »Hallenbad«

C **erhielten die Bäder die Namen »Freibad« und »Hallenbad«**

Im Sommer 2020 rief die ostwestfälische Stadt Höxter einen Wettbewerb zur Namensfindung für das frisch sanierte Freibad und das noch im Bau befindliche Hallenbad aus. Dabei gingen 71 Vorschläge für das Freibad und 26 für das Hallenbad ein. Darunter auch kreative Vorschläge wie »Weseroase«, »Weser-Wasserwelt« oder »Zum nassen Wasser«. Damit aber durch den Namen keine falschen Erwartungen geweckt werden und sich Touristen besser orientieren können, entschied der Bäderausschuss einstimmig, das Freibad »Freibad« und das Hallenbad »Hallenbad« zu nennen.

Schlagzeilen

Was verkauft ein Münchner Zirkus für den Hausgebrauch?

A Schweifhaare von Zebras als Fliegenfänger

B Löwenkot im Einmachglas zur Marderabwehr

C Lamaspucke zum Reinigen von Fenstern und Kacheln

B

Löwenkot im Einmachglas zur Marderabwehr

Im Juli 2020 brachte ein Münchner Zirkus ein ungewöhnliches Hausmittel auf den Markt. Tatsächlich wird seither auf der Tierfarm und vor dem Hauptsitz des Zirkus der Kot von Löwen im Einmachglas angeboten. Der beißende Geruch der Exkremente soll unter anderem unerwünschte Katzen aus dem Garten, aber auch Marder vom Auto fernhalten – so das Versprechen. Im ersten Monat nach Verkaufsstart wurden nach Zirkusangaben knapp 2000 Kotgläser zu je fünf Euro verkauft!

Schlagzeilen

Um klimaschädliche Emissionen zu verringern, hat ein Forschungsteam in Dummerstorf in Mecklenburg-Vorpommern ...?

A per 3-D-Drucker einen photosynthesefähigen Baum hergestellt

B einen Autolack erfunden, der Kohlenstoffdioxid speichern kann

C Kälber trainiert, das »stille Örtchen« aufzusuchen

C

Kälber trainiert, das »stille Örtchen« aufzusuchen

Ein deutsches Forschungsteam hat 2020 eine neue Möglichkeit entwickelt, umwelt- und gesundheitsschädliche Emissionen zu verringern. Es trainierte erfolgreich Kälber, zum Wasserlassen gesonderte Latrinen im Stall aufzusuchen. Ein durchlässiger, filternder Boden ermöglichte die Trennung von Urin und Kot. Da Ammoniak erst durch eine Vermischung der Ausscheidungen entsteht, sollte so dessen Freisetzung deutlich reduziert werden. Daneben erhöhen die Latrinen die Sauberkeit im Stall und die Rinder bleiben gesünder.

Unser Körper & Geist

Der Benjamin-Franklin-Effekt besagt, dass wir von einer Person als sympathischer wahrgenommen werden, wenn …?

A wir uns in der Vergangenheit mit der Person gestritten haben

B die Person weiß, dass sie uns bald nicht mehr sehen wird

C wir sie erfolgreich um einen persönlichen Gefallen gebeten haben

C **wir sie erfolgreich um einen persönlichen Gefallen gebeten haben**

Gründervater Benjamin Franklin wollte einst einen Mann für sich gewinnen, der ihn eigentlich nicht mochte. Also bat er ihn freundlich, ihm ein Buch auszuleihen, ihm also einen persönlichen Gefallen zu tun. Der Mann erfüllte ihm den Wunsch und war ihm danach wohlgesinnt. Erklärt wird das Phänomen damit, dass das Gehirn versucht, Widersprüche auszuräumen. Vereinfacht gesagt, wäre es nicht rational, jemandem einen Gefallen zu tun, den man unsympathisch findet – also findet man ihn sympathisch.

Unser Körper & Geist

Warum ist es nicht ratsam, unmittelbar nach dem Sport Alkohol zu trinken?

A Die Lunge verengt sich durch den Alkoholkonsum.

B Es behindert die Regeneration des Muskelgewebes.

C Die Knochen werden hart, sodass man unbeweglicher wird.

B **Es behindert die Regeneration des Muskelgewebes.**

Wer nach dem Sport Alkohol trinkt, tut seinem Körper damit keinen Gefallen. Laut Bundeszentrale für gesundheitliche Aufklärung entzieht Alkohol dem Körper Wasser – inklusive Nähr- und Mineralstoffen, die für die Versorgung der Muskeln gebraucht werden. Zudem werden Stoffwechselvorgänge eingeschränkt, die für den Muskelaufbau notwendig sind. Daher behindern schon kleine Mengen Alkohol die Regeneration des Muskelgewebes.

Unser Körper & Geist

In welchem Körperteil ist das Mondbein zu finden?

A Kopf

B Hand

C Fuß

B

Hand

Das Mondbein ist einer der acht Handwurzelknochen. Der Name stammt vom lateinischen *Os lunatum* ab und lässt sich durch die halbmondartige Form des Knochens erklären.

Unser Körper & Geist

Der Obelix-Effekt tritt im Büroalltag auf, wenn Kolleginnen oder Kollegen ...?

A aufgrund ihrer überdurchschnittlichen Leistung gefürchtet sind

B Nadelstreifenmuster tragen, um glaubwürdiger zu wirken

C nie gefragt werden, ob sie zum Mittagessen mitkommen

C

nie gefragt werden, ob sie zum Mittagessen mitkommen

Der Obelix-Effekt ist benannt nach der Figur im *Asterix*-Comic, die als Einzige nie etwas vom Zaubertrank abbekommt. Psychologen übertragen das Phänomen auf den Büroalltag. Gemeinsames Mittagessen wirkt verbindend und schafft Vertrauen. Betroffene des Obelix-Effektes werden nie gefragt, ob sie zum Mittagessen mitkommen wollen. Sie müssen allein essen und werden von der Gemeinschaft ausgeschlossen. Das lässt Rückschlüsse auf Rangordnungen und Sympathien innerhalb des Teams zu.

Unser Körper & Geist

Das menschliche Zungenbein ist der einzige Knochen, der ...?

A nicht brechen kann

B ein Leben lang nicht wächst

C nicht mit dem restlichen Skelett verbunden ist

C **nicht mit dem restlichen Skelett verbunden ist**

Das menschliche Zungenbein ist ein zwei bis drei Zentimeter großer, u-förmig gebogener Knochen, der zwischen Unterkiefer und Kehlkopf liegt. Er ist im Bereich der Schädelbasis an Muskeln und Bändern aufgehängt und verleiht der Zunge die Beweglichkeit, die zum Sprechen, Mundöffnen, Schlucken, Kauen, Atmen und Husten benötigt wird. Da das Zungenbein als einziger Knochen nicht mit dem restlichen Skelett verbunden ist, fehlt es oft bei Anschauungsmodellen zum menschlichen Skelett.

Unser Körper & Geist

HNO-Ärzte raten davon ab, ...?

A mit Mundwasser zu gurgeln

B die Nasenhaare zu zupfen

C die Ohren mit einer Salzlösung zu reinigen

B **die Nasenhaare zu zupfen**

Nasenhaare mögen lästig sein, haben aber eine schützende Funktion. Ihre Entfernung ist aus medizinischer Sicht nicht unbedenklich. HNO-Ärzte empfehlen, nur die aus der Nase herausschauenden Haare mit einer Schere zu kürzen. Auf Zupfen sollte ganz verzichtet werden, da es zu kleinen Wunden und offenen Stellen an den Haarwurzeln führt. In der Folge kann es zu bakteriellen Infektionen und Entzündungen kommen.

Zahlen, bitte!

Durchschnittlich alle zehn Sekunden ...?

A wird hierzulande eine Ehe geschlossen

B werden weltweit etwa 55 Milliarden Wörter gesprochen

C wächst in Deutschland genug Holz, um ein Wohnhaus zu bauen

C **wächst in Deutschland genug Holz, um ein Wohnhaus zu bauen**

In Deutschland stehen ungefähr 90 Milliarden Bäume oder umgerechnet 3,7 Milliarden Kubikmeter Holz. Jedes Jahr wachsen in deutschen Wäldern um die 122 Millionen Kubikmeter Holz hinzu. Das ergibt heruntergerechnet alle 10 Sekunden etwa 40 Kubikmeter. Genug Holz, um damit ein ganzes Wohnhaus zu bauen.

Zahlen, bitte!

Durchschnittlich nur 3,3 Jahre ...?

A unseres Lebens verbringen wir mit Sprechen

B dauert eine American-Football-Karriere eines Profis in der NFL

C werden neu erworbene, große Haushaltsgeräte genutzt

B

dauert eine American-Football-Karriere eines Profis in der NFL

Mit insgesamt 26 Jahren hält George Blanda den Rekord für die längste American-Football-Karriere in der NFL. Allerdings liegt der durchschnittliche Wert aufgrund des hohen Verletzungsrisikos während der Spiele weit darunter: Nur 3,3 Jahre dauert die durchschnittliche Karriere in der Football-Profiliga!

Zahlen, bitte!

In jeder Sekunde werden ...?

A weltweit etwa 700 000 Suchanfragen im Internet getätigt

B in unserem Körper rund 50 Millionen Zellen erneuert

C in Deutschland circa 80 Tiefkühlpizzen gegessen

B **in unserem Körper rund 50 Millionen Zellen erneuert**

Ein 70 Kilogramm schwerer Mensch besteht aus etwa 30 Billionen Zellen. Körperzellen haben je nach Art eine unterschiedlich lange Lebensdauer – so werden weiße Blutkörperchen alle paar Stunden ersetzt, manche Gehirnzellen hingegen nur alle paar Jahrzehnte. Im Durchschnitt sterben aber tatsächlich in jeder Sekunde 50 Millionen Zellen in unserem Körper ab und werden durch neue ersetzt.

Zahlen, bitte!

Beinahe 30 Jahre lagen zwischen ...?

A den ersten zwei Spielen der deutschen Fußballnationalmannschaft

B der Eröffnung der ersten Eisenbahnstrecke und der ersten Fahrt

C der Erfindung der roten und der blauen Leuchtdiode

C **der Erfindung der roten und der blauen Leuchtdiode**

Die Japaner Isamu Akasaki, Hiroshi Amano und Shuji Nakamura wurden 2014 mit dem Nobelpreis für Physik ausgezeichnet. Geehrt wurden sie für die Entwicklung der blauen Leuchtdiode in den 1990er-Jahren. Erst dadurch wurde die LED marktfähig, denn nur zusammen mit den bereits seit den 1960ern existierenden roten und grünen Leuchtdioden konnte aus den drei Grundfarben erstmals weißes LED-Licht erzeugt werden – also beinahe dreißig Jahre später!

Zahlen, bitte!

Von 1000 in Siebenerschritten rückwärts zu zählen, hilft dabei, ...?

A beim Gehen die Distanz von einem Kilometer abzuschätzen

B das ideale Mischverhält-nis für einen Curryketchup einzuhalten

C einen körperlichen Schmerz zu lindern

C

einen körperlichen Schmerz zu lindern

Ein deutsches Forschungsteam untersuchte 2020 die Gehirnaktivität per MRT-Scan, während Probanden kognitive Aufgaben erfüllten. Dazu gehörte, von der Zahl 1000 in Siebenerschritten rückwärts zu zählen. Bei dieser Aufgabe waren mehrere Regionen in der linken und rechten Hirnhälfte aktiv. Während der Scans wurde bei den Probanden ein Schmerzreiz induziert. Die Zählmethode konnte den empfundenen Schmerz deutlich reduzieren. Grund für die effektive Ablenkung ist offenbar die Vernetzung von Hirnarealen, die auch zur Schmerzverarbeitung beitragen.

Zahlen, bitte!

Rund jeder
zehnte Bundesbürger ...?

A geht nicht regelmäßig zum Zahnarzt

B nimmt im Lokal eine Wartezeit von einer Stunde aufs Essen hin

C treibt lediglich einmal im Monat in der Freizeit Sport

A **geht nicht regelmäßig zum Zahnarzt**

Ein regelmäßiger Zahnarztbesuch ist wichtig, um Zahn- beziehungsweise Zahnfleischprobleme frühzeitig zu erkennen. Bei einer 2020 hierzulande durchgeführten repräsentativen Umfrage kam heraus, dass 45 Prozent der befragten Bundesbürger einmal im Jahr beim Zahnarzt vorbeischauen. Jeder Zehnte dagegen gab an, nicht regelmäßig zur Vorsorgeuntersuchung zu gehen und seltener als alle zwei Jahre beziehungsweise nur bei akuten Beschwerden eine Praxis aufzusuchen.

Andere Länder, andere Sitten

In der Kathedrale von Liverpool ...?

A steht eine öffentliche rote Telefonzelle

B wurden drei Kirchenbänke durch Stadionsitze ersetzt

C wird vor dem Gottesdienst »Come Together« von den Beatles gespielt

A **steht eine öffentliche rote Telefonzelle**

Die im 20. Jahrhundert erbaute anglikanische Kathedrale von Liverpool ist die größte Kirche in Großbritannien. Entworfen wurde sie vom Architekten Sir Giles Gilbert Scott. 1924 kreierte Scott ebenfalls den sogenannten Kiosk Nr. 2 – die berühmte rote Telefonzelle der britischen Post, die zuerst fast nur in London aufgestellt wurde. Zum silbernen Thronjubiläum von König George V. im Jahr 1935 wurde sie zu einem preiswerten Modell umgebaut und landesweit installiert. Eine solche Telefonzelle steht noch heute zum Gedenken an Scott in der Kathedrale von Liverpool.

Andere Länder, andere Sitten

Der Amerikaner Roger Sharpe spielte 1976 in einem Anhörungssaal der New Yorker Stadtverwaltung an einem Flipperautomaten, um ...?

A sein Alibi für einen Museumsraub zu festigen

B das Spiel als olympische Disziplin zu bewerben

C zu zeigen, dass Flipper kein Glücksspiel ist

C **zu zeigen, dass Flipper kein Glücksspiel ist**

In New York City wurden Flipperautomaten auf Bestreben des Bürgermeisters Fiorello LaGuardia 1942 verboten. Sein Hauptargument war, dass es sich beim Flippern um Glücksspiel handele. 1976 wurde der spätere Profispieler Roger Sharpe in einen Anhörungssaal der New Yorker Stadtverwaltung geladen, um den Stadträten zu beweisen, dass an den Flipperautomaten kein Glück benötigt wird. Mit seinen zielsicheren Schüssen konnte er tatsächlich für eine Aufhebung des Verbots im gleichen Jahr sorgen.

Andere Länder, andere Sitten

Wem erteilte der Besitzer eines Hotels samt Pub in Yaraka im australischen Outback 2020 ein Hausverbot?

A heiratswilligen Junggesellinnen, die ihn bei der Arbeit belagerten

B dem Finanzminister, weil ihn dessen Pressekonferenz langweilte

C Emus, die sich von den Tellern der Gäste bedienten

Emus, die sich von den Tellern der Gäste bedienten

Im australischen Yaraka hatte der Besitzer eines kleinen Hotels samt Pub im Sommer 2020 genug. Er erteilte ein Hausverbot wegen schlechten Benehmens. Ein Absperrseil am Eingang inklusive Schild wies fortan darauf hin, dass keine Emus mehr erwünscht seien. Offenbar hatten zwei in der Ortschaft heimische Tiere zuvor gelernt, die Treppen zum Pub zu erklimmen. Sie hatten sich an den Tellern der Gäste bedient, dabei jegliche Manieren vergessen und waren zudem nicht stubenrein.

Andere Länder, andere Sitten

In der Basilica de Santa Maria de Guadalupe in Mexiko-Stadt ...?

A öffnet und schließt sich das goldene Kuppeldach automatisch

B fahren Besucher auf Rollbändern hinter dem Altar vorbei

C lassen Einwohner mehrmals im Jahr ihre Kakteen segnen

B **fahren Besucher auf Rollbändern hinter dem Altar vorbei**

Jährlich suchen 20 Millionen Pilger Mexiko-Stadt auf, um die 1974 errichtete Basilica de Santa Maria de Guadalupe zu besuchen. Grund dafür ist das hinter dem Altar angebrachte Abbild der heiligen Jungfrau von Guadalupe von 1531, der Schutzpatronin der Mexikaner. Um den Besucherandrang zu bewältigen, ist die Betrachtung des Bildes auf knapp eine Minute begrenzt. Die Zugänge sind dafür über mehrere Rollbänder verbunden, auf denen die Besucher an der Jungfrau vorbeifahren können.

Andere Länder, andere Sitten

Seit 2015 wird in Irland ...?

A in Pubs an Feiertagen ein »Black Tie«-Dresscode vorgeschrieben

B an jede Adresse eine eigene Postleitzahl vergeben

C beim Kauf eines U2-Shirts Wissen über die Band abgefragt

B **an jede Adresse eine eigene Postleitzahl vergeben**

2015 führte Irland für rund 38 Millionen Euro ein neues System ein: Etwa 2,2 Millionen Häuser, Wohnungen und Geschäfte erhielten einen sogenannten Eircode. Die siebenstellige Kombination aus Buchstaben und Ziffern dient der besseren Identifikation jeder einzelnen Postadresse. Bis zur Einführung des neuen Systems gab es nur in Dublin Postleitzahlen. Außerhalb der Hauptstadt waren Adressen oft durch fehlende Hausnummern uneindeutig. Der Eircode soll die Zustellung von Waren und Briefen deutlich erleichtern.

Andere Länder, andere Sitten

Im Sommer 2020 startete in der südlich von Athen gelegenen Gemeinde Vari-Voula-Vouliagmeni ein Pilotprojekt, bei dem ...?

A Strandschirme mit Solarpanels ausgestattet wurden

B Beachvolleyballfelder mit Windmaschinen gekühlt wurden

C Schwimmbecken mithilfe von Putzerfischen gesäubert wurden

A Strandschirme mit Solarpanels ausgestattet wurden

Am 21. Juli 2020 startete in der Gemeinde Vari-Voula-Vouliagmeni etwa 20 Kilometer südlich von Athen ein ungewöhnliches Pilotprojekt. Strandbesucher müssen ab sofort keine Angst mehr um den Ladestand ihrer Smartphones, Tablets oder Laptops haben. Entlang des Strandes wurden Dutzende Sonnenschirme mit Solarpanels und USB-Anschlüssen ausgestattet. Mit dieser Maßnahme will Griechenland zur bis 2050 geplanten Klimaneutralität Europas beitragen.

?

Das Prinzip des »Leapfroggings« ist zu beobachten, wenn eine Person ...?

A immer denselben Rechtschreibfehler wiederholt

B eine Mahlzeit nicht mehr mag, weil sie sie zu oft gegessen hat

C ein Produkt nicht kauft, weil sie auf das Nachfolgemodell wartet

C **ein Produkt nicht kauft, weil sie auf das Nachfolgemodell wartet**

Der Begriff »Leapfrogging«, also Bockspringen, beschreibt in den Wirtschaftswissenschaften das Auslassen einzelner Entwicklungsstufen. Verbraucher überspringen dann eine Produktgeneration, zum Beispiel ein Smartphone, das im Vergleich zum Vorgänger nicht genug Mehrwert bietet. Das Produkt wird dann erst in einer späteren Version gekauft. Das Prinzip lässt sich auch im Großen beobachten. Zum Beispiel wenn Länder, die früher einen eher schlechten Festnetzausbau hatten, wie etwa Kenia, durch einen Netzausbau auf den neuesten Mobilfunkstand kommen.

?

Was unternahm Victor Hugo 1830, um sein berühmtes Werk *Der Glöckner von Notre-Dame* fristgerecht fertigzustellen?

A Er bettelte seine Mutter an, ihm beim Schreiben zu helfen.

B Er suchte eine Wahrsagerin auf, um das Romanende zu erfahren.

C Er schloss alle Kleidung weg, damit er nicht ausgehen konnte.

C **Er schloss alle Kleidung weg, damit er nicht ausgehen konnte.**

Der französische Schriftsteller Victor Hugo war ein Meister darin, Dinge aufzuschieben. Er hatte eigentlich für den Sommer 1830 mit seinem Verleger die Fertigstellung seines neuen Buches *Der Glöckner von Notre-Dame* vereinbart. Doch statt zu schreiben, ging er lieber aus. Sein frustrierter Verleger setzte ihm eine letzte Frist von einem halben Jahr. Hugo versuchte, sich selbst auszutricksen, und schloss sämtliche Kleidung außer einem alten grauen Schal weg. So konnte er nicht unter Leute gehen. Die Strategie ging auf: Zwei Wochen vor der Deadline, am 14. Januar 1831, konnte er sein Buch veröffentlichen.

?

Wer sich zwischen Gitterform und Sägezahn entscheidet, ...?

A schnürt seine Turnschuhe

B verlegt einen Parkettboden

C wählt einen Mascara-Pinsel aus

A schnürt seine Turnschuhe

Gitterform und Sägezahn sind zwei Muster, mit denen die Schnürsenkel eines Turnschuhs gebunden werden können. Bei der »Sägezahnschnürung« wird die gerade Schnürung mit der Überkreuzschnürung kombiniert, indem der Schnürsenkel abwechselnd gerade und schräg eingefädelt wird. Für die »Gitterschnürung« wird der Schnürsenkel diagonal in die Ösen gefädelt, sodass in der Mitte des Schuhs eine Gitterform entsteht. So werden die Sneaker zu richtigen Hinguckern!

A

Geräuschkulissen gemessen

Der Internationale Standard ISO 12913 soll den Einfluss von akustischen Umgebungen auf den Menschen messbar machen. So ist es zum Beispiel möglich, die Geräuschkulisse in Restaurants zu messen und hieraus Rückschlüsse auf das Wohlgefühl der Menschen vor Ort zu ziehen. Da gerade in Restaurants »leiser« nicht automatisch »besser« ist, werden nicht nur unerwünschte Geräusche identifiziert und verringert, sondern auch Möglichkeiten gefunden, positive Geräuschquellen hinzuzufügen.

?

Nach dem internationalen Standard ISO 12913 werden in Restaurants ...?

A Geräuschkulissen gemessen

B Wassergläser in ihrer Durchsichtigkeit reglementiert

C Schriftgrößen auf Tageskarten festgelegt

C ein Jahr

Im aus dem 19. Jahrhundert stammenden Kinderlied »Auf einem Baum ein Kuckuck« wird ein Kuckuck von einem Jäger erschossen. Doch »als ein Jahr vergangen war«, kehrte der Kuckuck wieder zurück. Heutige Interpretationen sehen in dem Kuckuck die Freiheit, in dem Jäger den absolutistischen Herrscher, der den Wunsch nach Freiheit zu unterdrücken versucht, es aber nicht gänzlich schafft.

Masterfrage

Kinderlieder

Wie viel Zeit war vergangen, bis der Kuckuck im Kinderlied »Auf einem Baum ein Kuckuck« wieder da war?

A ein Tag

B ein Monat

C ein Jahr

C **Ein widerrechtlich wendender Pkw wurde mit Kartoffeln beworfen.**

Ein Eigentümer eines Grundstücks hat gemäß § 903 BGB grundsätzlich das Recht, anderen Personen die Benutzung seiner Einfahrt zu untersagen. In einem konkreten Fall im hessischen Hadamar wendete ein Pkw wiederholt unberechtigt in der Einfahrt eines Hausbesitzers – der sich wiederum mit einem gezielten Kartoffelwurf zur Wehr setzte. Das Amtsgericht Hadamar stufte das – in diesem konkreten Einzelfall – als berechtigte Notwehr ein, sodass der »Werfer« keinen Schadenersatz für die Delle im Auto zahlen musste.

Masterfrage

Amtsschimmel

Was stufte das Amtsgericht Hadamar in Hessen in einem Urteil als Notwehr ein?

A Das Schlagzeug eines Nachbarn wurde geklaut.

B Ein streng riechender Kollege wurde mit Parfüm besprüht.

C Ein widerrechtlich wendender Pkw wurde mit Kartoffeln beworfen.

B

sie spuckfreudig gegenüber aufdringlichen Hengsten sind

Alpakastuten haben eine Tragzeit von circa 342 Tagen und bringen meist nur ein Fohlen zur Welt. Damit die Trächtigkeit problemlos verläuft, sollten Züchter sie frühzeitig erkennen und regelmäßig überprüfen. Die einfachste Methode ist der sogenannte Abspucktest. Trächtige Stuten spucken aufdringliche Verehrer bei Annäherungsversuchen abweisend an, um sie daran zu hindern, sie erneut zu decken.

Tierisch tierisch

Ob Alpakas trächtig sind, lässt sich daran erkennen, dass ...?

A sie vergrößerte Adern an den Hinterbeinen haben

B sie spuckfreudig gegenüber aufdringlichen Hengsten sind

C ihr Fell nach Currykraut riecht

B

einen Eiswürfel in die Mitte der Reisportion legen

Übrig gebliebener Reis vom Vortag wird beim Aufwärmen in der Mikrowelle oft trocken und klumpt. Um das zu verhindern, wird vor dem Erwärmen ein Eiswürfel in die Mitte der Reisportion gelegt. Das Eis schmilzt langsam beim Erhitzen und gibt dem Reis fehlende Feuchtigkeit zurück. Der aufgewärmte Reis wird schön locker und schmeckt fast wie frisch gekocht.

Trick 17

Was kann helfen, dass Reis vom Vortag beim Aufwärmen in der Mikrowelle nicht zu fest und trocken wird?

A einen mit Milch gefüllten Eierbecher danebenstellen

B einen Eiswürfel in die Mitte der Reisportion legen

C die Schüssel vorher mit Öl einpinseln

Trick 17

Mittig über das Handgelenk legen, unten festhalten, drehen und das Ende durch das Loch stecken, so ...?

A entsteht ohne Hilfsmittel eine Hochsteckfrisur

B können Schals ohne Querfalten verstaut werden

C kann ein Schlips in fünf Sekunden gebunden werden

B **können Schals ohne Querfalten verstaut werden**

Werden Schals zusammengelegt, bleiben meist unschöne Falten im Stoff zurück. Um das zu verhindern, wird der Schal mittig über das Handgelenk gelegt, und die Enden werden mit der anderen Hand unten festgehalten. Nun wird das Handgelenk gedreht, wodurch sich auch der Schal dreht und zusammenzieht. Anschließend wird das Handgelenk herausgezogen und das Ende des Schals durch das Loch gezogen. So entsteht ein Knäuel, das keine vertikalen Falten hinterlässt und platzsparend verstaut werden kann.

Trick 17

Um die Haltbarkeit von Eisbergsalat zu verlängern, sollte er im Kühlschrank gelagert und ...?

A von seinem Strunk befreit werden

B mit Haferflocken bestreut werden

C in ein mit Essig beträufeltes, feuchtes Tuch eingewickelt werden

C **in ein mit Essig beträufeltes, feuchtes Tuch eingewickelt werden**

Blattsalat wie Eisbergsalat verliert bei falscher Lagerung an Feuchtigkeit und Nährstoffen und wird welk. Um diesen Prozess zu verlangsamen, sollte er im Kühlschrank aufbewahrt werden. Zusätzlich kann er in ein mit Essig beträufeltes, feuchtes Tuch eingewickelt werden. Die Feuchtigkeit beugt dem Austrocknen und Welken des Salats vor. Die Säure senkt den pH-Wert in seinem Umfeld. Dadurch wird das Wachstum von Mikroorganismen auf dem Salat gehemmt und der durch sie begünstigte Fäulnisprozess verlangsamt.

Trick 17

Wie lässt sich herausfinden, ob ein im Ganzen gegrillter Fisch gar ist?

A den Fisch dreimal hintereinander wenden

B den Fisch an der Rückenflosse ziehen

C mit einem trockenen Pinsel über den Fisch streichen

B **den Fisch an der Rückenflosse ziehen**

Die Garzeiten von Fischen sind von ihrer Größe und Dicke abhängig. Im optimalen Garzustand ist das Fischfilet im Inneren gerade noch glasig. Um herauszufinden, ob ein ganzer gegrillter Fisch gar ist, hilft ein simpler Trick: Lässt sich die Rückenflosse ohne Widerstand aus dem Fisch ziehen, ist das Fleisch durch. Der Grund: Das Fleisch ist schön weich, sodass es sich problemlos von den Gräten löst.

Tierisch tierisch

Zebrafinken ...?

A bauen ihre Nester zu Türmen von mindestens einem Meter Höhe

B erkennen durchschnittlich 42 ihrer Artgenossen an deren Gesang

C können ihren Kopf um bis zu 280 Grad drehen

B **erkennen durchschnittlich 42 ihrer Artgenossen an deren Gesang**

Forschende der University of California in Berkeley spielten 2020 Zebrafinken Finkenrufe vor, wenn diese auf eine Taste pickten. Hörten sie einem ihnen bekannten Artgenossen bis zum Ende zu, ohne direkt weiterzupicken, erhielten sie Futter als Belohnung. Ein unbekannter Ruf löste keine Belohnung aus. Die Finken lernten somit, die unbekannten Rufe wegzupicken und bei den Bekannten auf das Futter zu warten. Im Durchschnitt gelang es den Finken, 42 Artgenossen an ihrem Gesang zu erkennen. Da sie in Kolonien von über 50 Tieren leben, können sie dadurch bei Trennung schneller zur Gruppe finden.

Tierisch tierisch

Wie teilt eine Gams ihren Artgenossen mit, dass Gefahr lauert?

A Sie pfeift.

B Sie stampft rhythmisch mit den Hufen.

C Sie klappert mit den Zähnen.

A **Sie pfeift.**

Dem Menschen gegenüber ist die Gams eher scheu, ihre Fluchtdistanz liegt meist bei über 100 Metern. Aufgrund ihres sehr guten Geruchssinns wittert sie Gefahr bereits auf große Entfernung. Dann »pfeift« die Gams durch ein Blasen durch ihre Nasenlöcher. Daraufhin fliehen die Tiere meist hangaufwärts. Nach einer Fluchtstrecke bleiben sie stehen, um sich nach der Gefahrenquelle umzusehen.

Tierisch tierisch

Männliche Tungara-Frösche, die in der Stadt leben, ...?

A entwickeln mehr Muskelmasse

B ändern täglich ihre Farbe und ihr Muster

C klingen für die Weibchen attraktiver als die Männchen vom Land

C

klingen für die Weibchen attraktiver als die Männchen vom Land

Tungara-Frösche sind in Mittel- und Südamerika beheimatet und inzwischen in immer mehr Städten zu finden. 2019 untersuchte ein Forschungsteam, ob sich die Tiere je nach Umgebung in ihrem Verhalten unterscheiden. Dabei fiel auf, dass die städtischen Froschmännchen ein extra Tremolo, also ein zusätzliches Vibrieren, in ihren Laut einbauen, wodurch sie für die Weibchen attraktiver klingen als die Männchen vom Land. Das Forschungsteam vermutet, dass die Tungara-Frösche in der Stadt weniger Fressfeinde haben und daher mit auffälligeren Lauten auf sich aufmerksam machen können.

Essen & Trinken

Warum entsteht beim Kauen von Halloumi-Käse ein gummiartiges Gefühl?

A Das Milcheiweiß verhärtet bei der Herstellung.

B Er enthält 5 bis 6 Prozent Agar-Agar.

C Er hat eine hohe Dichte, da er in Form gepresst wird.

A **Das Milcheiweiß verhärtet bei der Herstellung.**

Halloumi ist ein würziger Grillkäse, der traditionell aus Zypern stammt. Er wird aus Kuh-, Schafs- oder Ziegenmilch hergestellt. Nach der Herstellung wird der fertige Käse noch einmal in Molke gekocht. Dieser Vorgang ist mitverantwortlich für die feste Konsistenz sowie das quietschende, gummiartige Gefühl beim Kauen. Denn durch die Hitze beim Kochen verändert sich die Struktur des Eiweißes, und es verhärtet, ähnlich wie bei gekochten Eiern.

Essen & Trinken

Auf welche überlieferte Legende wird der Name des Getränks Grog zurückgeführt?

A Ein Admiral mit speziellem Kleidungsstil ließ den Rum verdünnen.

B Ursprünglich wurde das Getränk zur Abwehr von Fröschen genutzt.

C Es wurde für einen Monarchen erfunden, der zu laut schnarchte.

A

Ein Admiral mit speziellem Kleidungsstil ließ den Rum verdünnen.

Edward Vernon lebte von 1684 bis 1757 und fuhr rund vierzig Jahre lang zur See, wo er als Marineoffizier Schiffe der britischen Flotte kommandierte. Er schrieb am 21. August 1740 nieder, dass der Rumkonsum seiner Besatzung »fatale Auswirkungen auf ihre Moral und ihre Gesundheit« hätte. Vernon befahl daraufhin, dass den Matrosen nur noch mit Wasser verdünnter Rum auszugeben sei. Die Crew soll das Getränk daraufhin nach seinem Spitznamen »Old Grog« Grog benannt haben. Denn Vernon trug Überröcke aus grobem Stoff, der auf Englisch »Grogram« genannt wird.

C **nicht gut für warme Speisen geeignet**

Saure Sahne wird aus süßer Sahne hergestellt, indem sie mit Milchsäurebakterien versetzt wird. Dadurch bekommt sie einen leicht säuerlichen Geschmack und eine feste Konsistenz. Crème fraîche ähnelt ihr in Herstellung und Geschmack, enthält jedoch mehr als doppelt so viel Fett. Dadurch ist sie hitzebeständiger und flockt während des Kochens nicht so leicht aus. Saure Sahne ist im Vergleich nicht gut für die Zubereitung warmer Speisen geeignet.

Essen & Trinken

Saure Sahne ist im Gegensatz zu Crème fraîche ...?

A zum Binden von Soßen empfehlenswert

B durch den höheren Fettgehalt besser für Desserts einsetzbar

C nicht gut für warme Speisen geeignet

Essen & Trinken

Wie unterscheiden sich dunkles und helles Weizenbier in ihrer Herstellung?

A Dunklem Weizenbier wird Zuckerkulör als Farbstoff hinzugegeben.

B Helles Weizenbier enthält weniger Hopfen als dunkles Weizenbier.

C Für dunkles Weizenbier wird das Malz länger und heißer getrocknet.

C

Für dunkles Weizenbier wird das Malz länger und heißer getrocknet.

Weizenbier wird aus mindestens 50 Prozent Weizenmalz, Gerstenmalz und wenig Hopfen hergestellt. Das gilt sowohl für helles als auch für dunkles Weizenbier. Der Unterschied besteht in der Malzherstellung. Das Weizenmalz wird für die dunklere Version länger und heißer getrocknet. So erhält das Bier seine Farbe und dazu ein feines Raucharoma.

Essen & Trinken

Bio-Apfelessig wird im Gegensatz zu herkömmlichem Apfelessig in der Regel ...?

A nicht gefiltert

B aus dem Most von ganzen Äpfeln hergestellt

C ohne einen Stamm von Essigsäurebakterien produziert

B **aus dem Most von ganzen Äpfeln hergestellt**

Bei der Produktion von Apfelessig werden die Äpfel zuerst zu Apfelwein gekeltert. Durch die zugesetzten Essigsäurebakterien Acetobacter wird der Alkohol in Essigsäure umgewandelt. Während bei der Produktion von herkömmlichem Apfelessig meist Reste wie Gehäuse und Schalen verwendet werden, wird Bio-Apfelessig in der Regel aus dem Most von ganzen Äpfeln hergestellt. Zudem enthält Bio-Apfelessig meist mehr Nährstoffe, da er weder pasteurisiert noch mit Zusatzstoffen versetzt wird.

Masterfrage

Erfinderin

Was entwickelte die Dresdnerin Christine Hardt mithilfe von Hosenträgern und Taschentüchern und meldete es 1899 zum Patent an?

A Einwegwindel

B BH

C Rucksack

B

BH

Als sich die New Yorkerin Mary Phelps Jacob 1913 für einen Ball fertig machte, merkte sie, dass ihr Korsett sich unter ihrem Kleid unschön abzeichnete. Also nahm sie zwei Taschentücher und ein Band und bastelte daraus eine Brassière. Ihre Erfindung wurde in den USA populär und befreite viele Frauen vom engen Korsett. Hierzulande hatte aber bereits 1899 die Dresdnerin Christine Hardt ein ähnliches Patent angemeldet. Mithilfe von Taschentüchern und Hosenträgern entwickelte die Heilgymnastiklehrerin einen verstellbaren BH, der über dem Unterhemd getragen wurde und mehr Bewegungsfreiheit ermöglichte.

Masterfrage

Sportler

Was gibt es seit 2019 in den USA?

A »Nowitzki Way« in Dallas

B »Graf School« in Las Vegas

C »Klinsmann Stadium« in Miami

A »Nowitzki Way« in Dallas

21 Jahre lang spielte der gebürtige Würzburger Dirk Nowitzki für den Basketballverein Dallas Mavericks. Als er 2019 sein Karriereende bekannt gab, ehrte ihn die Stadt auf besondere Weise: Eine bis dato unter Olive Street bekannte Straße in Dallas wurde in »Nowitzki Way« umbenannt.

Masterfrage

Heimat

Das Glockenspiel
des Fürther Rathauses ...?

A spielt jeden Mittag »Stairway to Heaven« von Led Zeppelin

B war Gegenstand von über tausend Klagen wegen Ruhestörung

C wurde von Ludwig Erhard in seiner Werkstatt gebaut

A **spielt jeden Mittag »Stairway to Heaven« von Led Zeppelin**

Der Rathausturm der fränkischen Stadt Fürth spielt mit seinem Glockenspiel täglich um 12.04 Uhr eine besondere Melodie. Der Bürgermeister wählte das Stück anlässlich der 1000-Jahr-Feierlichkeiten der Stadt 2007 aus – sein Lieblingslied der Band Led Zeppelin: »Stairway to Heaven«.

Masterfrage

Im Grünen

Die Blätter des fleischfressenden Gemeinen Fettkrauts ...?

A verformen sich bei Wasserknappheit zu Kugeln

B werden bei Insektenkontakt bis zu 80 Grad Celsius heiß

C wurden früher als Labersatz bei der Käseherstellung verwendet

C **wurden früher als Labersatz bei der Käseherstellung verwendet**

Das Gemeine Fettkraut ist eine fleischfressende Pflanze, die in ganz Europa heimisch ist. Wild kommt es in Moorgebieten und auf nährstoffarmen Böden vor. Seine klebrigen Blätter bilden eine flach am Boden liegende Rosette. Die beim Fangen von Insekten abgesonderten Verdauungsenzyme ähneln denen von Tieren. Daher wurden die Blätter im 18. Jahrhundert in Skandinavien als Labersatz zur Herstellung von Käse und bestimmten Sauermilchprodukten verwendet, indem die frisch gepflückten Blätter in ein Sieb gelegt und mit frisch gemolkener Milch übergossen wurden.

?

Bevor ein Leichtathlet lossprintet, sollte er ...?

A sich nicht dehnen

B kein Deodorant benutzen

C kein warmes Getränk zu sich nehmen

A **sich nicht dehnen**

Bei einem Sprint wird von einem Athleten die größtmögliche Laufgeschwindigkeit abverlangt, die der menschliche Körper leisten kann. Bevor sich ein Sportler im Startblock positioniert, sollte er allerdings Folgendes beachten: Unmittelbares Stretching vor dem Sprint kann die Leistung mindern. Die statische Bewegung, die beim Dehnen entsteht, kann die explosionsartige Schnellkraftentfaltung reduzieren.

Trick 17

Ein alter Fahrradschlauch verhindert, dass bei einem Mountainbike die ...?

A Kette von den Ritzeln springt

B Speichen der Räder brechen

C Fahrradkette die Kettenstrebe zerkratzt

C

Fahrradkette die Kettenstrebe zerkratzt

Bei Mountainbiketouren klappert die Fahrradkette durch die Erschütterungen häufig gegen die Kettenstrebe, wodurch Lackschäden entstehen. Um das zu verhindern, hilft ein Kettenstrebenschutz, der aus einem alten Fahrradschlauch selbst hergestellt werden kann: Dazu wird aus dem Schlauch ein Stück in der Länge der Kettenstrebe abgetrennt und längs aufgeschnitten. Mit einem Tuch wird er auf der Innenseite gesäubert. Anschließend kann er über die Kettenstrebe gestülpt und an den Enden mit Isolierband befestigt werden.

Tierisch tierisch

Der Taumelkäfer hat vier Facettenaugen, damit er ...?

A auf Feinde reagieren kann, die von hinten kommen

B gleichzeitig über und unter der Wasseroberfläche sehen kann

C bei Müdigkeit die Augenpaare wechseln kann

B gleichzeitig über und unter der Wasseroberfläche sehen kann

Der Taumelkäfer bewohnt stehende und langsam fließende Gewässer in Europa. Er heißt so, weil er sich durch seinen stromlinienförmigen Körper auf Wasserflächen in schnellen Kreisbewegungen fortbewegt. Außerdem verfügt er über vier Facettenaugen. Da Luft und Wasser einen unterschiedlichen Brechungsindex haben, befinden sich die Augenpaare getrennt voneinander an der Ober- und Unterseite des Kopfes. Dadurch kann der Käfer gleichzeitig über und unter der Wasseroberfläche sehen und nach Insekten als Beute Ausschau halten.

Tierisch tierisch

Im Unterschied zum Begriff »Maul« wird »Schnauze« meist verwendet, wenn ...?

A sich im Mund des Tieres eine ausstreckbare Zunge befindet

B Kiefer- und Wangenknochen nach vorn gewachsen sind

C im Ober- und Unterkiefer je zwei spitze Eckzähne vorhanden sind

B **Kiefer- und Wangenknochen nach vorn gewachsen sind**

Ein Tiermund wird in der Biologie gewöhnlicherweise »Maul« genannt. Mitunter wird aber auch das Wort »Schnauze« verwendet. Von ihr ist allgemein die Rede, wenn Kiefer- und Wangenknochen nach vorn gewachsen sind. Zur Schnauze gehört nicht nur die Mundöffnung, sondern auch die Nase. Vor allem bei fleischfressenden Wirbeltieren wie Hund, Bär oder Delfin wird von einer Schnauze gesprochen, bei Pflanzenfressern hingegen meist von einem Maul.

Essen & Trinken

Dunkelgrüne Pistazienkerne, die als besonders hochwertig gelten, ...?

A werden im noch unreifen Zustand geerntet.

B erhalten ihre Farbe durch besonders tonhaltigen Boden.

C werden direkt nach der Ernte inklusive Schale gesalzen.

A **werden im noch unreifen Zustand geerntet.**

Pistazien sind hierzulande meist in der Schale geröstet und gesalzen erhältlich, werden aber auch naturbelassen und geschält angeboten. Große und helle Kerne sind zwar besonders reif, dennoch gelten helle Kerne als weniger wertig. Je dunkelgrüner ein Pistazienkern, desto höher die Qualität. Bei Pistazien der höchsten Klasse handelt es sich um eigentlich noch unreife Pistazien, die etwa einen Monat vor der normalen Ernte gepflückt werden. Sie gelten als hocharomatisch und werden aufgrund ihrer tiefgrünen Farbe etwa als Deko für Pralinen verwendet.

?

Für Katzen gibt es neuerdings ...?

A Tanzkurse für lateinamerikanische Tänze

B Maus aus der Dose

C eine Katzenklappe, die automatisch Flöhe entfernt

B

Maus aus der Dose

14,8 Millionen Katzen leben in 23 Prozent der deutschen Haushalte. Das macht die Katze zum beliebtesten Haustier. Für Wohnungskatzen hat ein Unternehmen für Tierbedarf eine Neuheit entwickelt. Unter strengen Auflagen speziell gezüchtete Futtermäuse werden als Fertigfutter angeboten – mit garantiert 100 Prozent Mausanteil. Anders als Mäuse aus freier Wildbahn ist Maus aus der Dose frei von Viren und Krankheiten.

Film & Fernsehen

Welcher dieser singenden Schauspieler konnte die höchste Platzierung in den deutschen Singlecharts erreichen?

A Justin Timberlake mit »Cry Me A River«

B Patrick Swayze mit »She's Like The Wind«

C Will Smith mit »Men In Black«

C

Will Smith mit »Men In Black«

Der Song hielt sich 25 Wochen in den Charts und kletterte sogar bis auf Platz 1 hoch. Damit ist er auch der bisher erfolgreichste Hit von Will Smith in Deutschland. Timberlakes »Cry Me A River« schaffte es auf Platz 13 der Charts, »She's Like The Wind« von Patrick Swayze nur bis auf Platz 14.

Film & Fernsehen

Komiker und Oscar-Preisträger Mel Brooks ...?

A veränderte heimlich den Text seiner Szenenpartner

B machte seine Handabdrücke am Hollywood Boulevard mit elf Fingern

C verteilte bei Preisverleihungen Einladungen zu ausgedachten Partys

B **machte seine Handabdrücke am Hollywood Boulevard mit elf Fingern**

Der legendäre Komiker und Regisseur Mel Brooks ist unter anderem für die Filme *Frankenstein Junior* und *Spaceballs* bekannt. 2014 hinterließ er seine Hand- und Schuhabdrücke vor dem berühmten TCL Chinese Theatre in Los Angeles. In typischer Brooks-Manier erlaubte er sich einen Scherz und trug bei der Zeremonie eine Fingerprothese an der linken Hand, sodass im Zement am Hollywood Boulevard elf Finger verewigt wurden.

Clever!

Ein Stück Ton wird vor der Verarbeitung geschlagen, damit ...?

A der Ton Farbe besser annimmt

B das Werk beim Brennen nicht aufplatzt

C der Ton auf der Drehscheibe nicht zerfließt

B

das Werk beim Brennen nicht aufplatzt

Damit ein Stück Ton verarbeitet werden kann, muss es erst vorbereitet werden. Ein besonders wichtiger Schritt ist dabei das Schlagen des Materials. Der Ton wird von allen Seiten stark geknetet und geschlagen. Dadurch wird er geschmeidig und mögliche Luftblasen werden entfernt. Beim Brennen im Ofen zieht sich der Ton zusammen. Enthaltene Luft würde sich ausdehnen und das Werk aufplatzen lassen. Durch das Schlagen des Tons wird das verhindert.

Sprache & Literatur

Woher kommt die alte Bezeichnung »Lenz« für das Frühjahr?

A von den länger werdenden Tagen

B von der Schneeschmelze

C von der Trägheit der Bauern

A **von den länger werdenden Tagen**

»Lenz« ist die alte, vor allem lyrisch verwendete Bezeichnung für den Frühling. Das Wort stammt vom althochdeutschen *lenzo* ab. Ursprünglich bedeutete es »lang« und bezog sich auf die während des Frühjahrs länger werdenden Tage.

Sprache & Literatur

Fünf Jahre nachdem 1879 mit der Arbeit zum *New English Dictionary* begonnen worden war, …?

A musste aufgrund schottischer Proteste neu angefangen werden

B waren die Verfasser beim Wort »Ant« für »Ameise« angekommen

C fiel auf, dass der Buchstabe »E« vergessen worden war

B **waren die Verfasser beim Wort »Ant« für »Ameise« angekommen**

Nachdem Mitglieder der Philological Society of London bereits 1857 verkündet hatten, ein neues Wörterbuch ins Leben zu rufen, einigte man sich schließlich 1879 mit der Oxford University Press und dem Lexikografen James Murray, mit der Arbeit zu beginnen. Etwa zehn Jahre sollte die Erstellung dauern. Eine im Nachhinein ambitionierte Schätzung, denn fünf Jahre später war man gerade mal beim Stichwort »Ant« für »Ameise« angekommen. Es dauerte bis 1928, also fast 50 Jahre, bis der letzte Band des *New English Dictionary* erschien. Das Wörterbuch gilt als Vorläufer des *Oxford English Dictionary*.

Damals

Warum ließ der Kapellmeister bei der Eröffnung des Nord-Ostsee-Kanals 1895 »Guter Mond, du gehst so stille« spielen?

A Er war abergläubisch und wollte die Schiffe vor Unglück schützen.

B Er hatte die Noten der türkischen Nationalhymne nicht dabei.

C Er wollte davon ablenken, dass Kaiser Wilhelm II. eingenickt war.

B **Er hatte die Noten der türkischen Nationalhymne nicht dabei.**

Nach achtjähriger Bauzeit wurde der Nord-Ostsee-Kanal 1895 von Kaiser Wilhelm II. feierlich eingeweiht. Zu diesem Anlass waren die Vertreter vieler seefahrender Nationen zugegen. Der Kapellmeister ließ bei deren Erscheinen die jeweilige Landeshymne spielen. Als sich eine türkische Jacht näherte, wurde ihm schlagartig klar, dass seiner Marinekapelle die Noten hierfür fehlten. Kurz entschlossen ließ er »Guter Mond, du gehst so stille« spielen und rettete die Situation mit dieser humorvollen Anspielung auf den türkischen Halbmond.

Damals

Was wird dem Ölbaron J. Paul Getty, der zu Lebzeiten als reichster Mann der Welt galt, nachgesagt?

A Er bettete sich auf Dollarnoten.

B Er stellte Geburtstagskindern ihre Geschenke später in Rechnung.

C Die Gäste seiner Villa mussten ein Münztelefon benutzen.

C

Die Gäste seiner Villa mussten ein Münztelefon benutzen.

Ölbaron J. Paul Getty soll in den 1960er-Jahren über ein Vermögen von mehr als 1,5 Milliarden US-Dollar verfügt haben. Er verkehrte gerne im internationalen Jetset, war aber auch berüchtigt für seinen Geiz. So buchte Getty sich zwar in die teuersten Hotels ein, allerdings immer nur in die kleinsten verfügbaren Zimmer. Gäste in seiner Villa taten gut daran, Kleingeld zur Hand zu haben. Denn wer dort telefonieren wollte, musste mit dem eigens installierten Münztelefon auskommen.

Damals

Die weltberühmte Statue der Venus von Milo wurde bei ihrer Ankunft im Pariser Louvre 1820 ...?

A bei der Restauration zerstört und später aus Gips kopiert

B absichtlich einer falschen Zeitepoche zugeordnet

C in einem Karton im Keller eingelagert und dort 50 Jahre lang vergessen

B

absichtlich einer falschen Zeitepoche zugeordnet

Die Venus von Milo wurde 1820 auf der Insel Milos in der Ägäis von einem Bauern gefunden und über Umwege dem damaligen französischen König Ludwig XVIII. geschenkt. Dieser ließ sie im Louvre aufstellen, wo sie bis heute zu besichtigen ist. Zur Zeit Ludwigs wurden Kunstwerke aus der klassischen Epoche Griechenlands von um 500 bis 336 vor Christus besonders geschätzt. Ein Stück des Sockels mit einer Inschrift wurde absichtlich entfernt, denn sie ordnete die Statue der späteren, hellenistischen Epoche zu. So wurde die Skulptur bis ins 20. Jahrhundert hinein irrtümlich als Kunstwerk der griechischen Klassik ausgestellt.

Damals

Wie hieß hierzulande
das Mittelalter im Mittelalter?

A »Großes Zeitalter« mit einer Vielzahl an Erfindungen

B »Christliches Zeitalter«, in dem das Jüngste Gericht erwartet wurde

C »Stolzes Zeitalter«, in dem einzelne Nationen ihre Identität fanden

B

»Christliches Zeitalter«, in dem das Jüngste Gericht erwartet wurde

Die Epoche, die wir heute Mittelalter nennen, wird ungefähr zwischen dem 6. und 15. Jahrhundert datiert. Der Einfluss der Kirche in Mitteleuropa war zu dieser Zeit sehr groß. Die Gelehrten des Mittelalters bezeichneten ihre Zeit als »aetas christiana«, das christliche Zeitalter. Es begann nach damaliger Definition rückblickend mit der Geburt Christi und sollte mit dem Jüngsten Tag enden. Der Begriff »Mittelalter« wurde erst in der darauffolgenden Renaissance definiert als Übergang von der Antike zur sogenannten Wiedergeburt.

Film & Fernsehen

Warum wurde die Schauspielerin Alexis Bledel 2019 zum »gefährlichsten Promi« der USA gekürt?

A Ihr Name führte im Netz am häufigsten zu riskanten Webinhalten.

B Sie wurde wegen unbezahlter Strafzettel von der Polizei gesucht.

C Ihre Rollen stifteten Jugendliche zu leichtsinnigen Handlungen an.

A

Ihr Name führte im Netz am häufigsten zu riskanten Webinhalten.

Die US-amerikanische Schauspielerin Alexis Bledel spielt seit 2017 die Rolle der »Desglen« in der Fernsehserie *The Handmaid's Tale – Der Report der Magd*. Bledel erzeugte im Internet großes Interesse, was von Cyberkriminellen ausgenutzt wurde. Laut Angaben eines Softwareherstellers führte die Internetsuche nach ihrem Namen 2019 in den USA häufiger als jeder andere Prominame zu riskanten Webinhalten, die den PC mit Viren infizieren können. Die »gefährlichsten Promis« für Suchanfragen aus Deutschland sind übrigens *Game of Thrones*-Darstellerin Emilia Clarke und die Moderatorin Heidi Klum.

Film & Fernsehen

Nachdem der aus *La La Land* bekannte Schauspieler Ryan Gosling für eine Filmrolle knapp 30 Kilogramm zugenommen hatte, ...?

A ließ er seine gesamte Kleidung größer nähen

B musste sein Stuntman für weitere Filme ebenfalls zunehmen

C wurde er wieder gefeuert, weil er dann doch zu dick war

C **wurde er wieder gefeuert, weil er dann doch zu dick war**

Der kanadische Schauspieler Ryan Gosling ist für sein sportliches und attraktives Äußeres bekannt. Um für den Film *In meinem Himmel* besser in die Rolle des gewöhnlichen Familienvaters zu passen, gab er 2007 sein Sixpack auf, trank flüssige Eiscreme und nahm rund 30 Kilogramm zu. Kurz vor Drehbeginn wurde er jedoch gefeuert – offiziell aufgrund von »kreativen Differenzen«. Wie Gosling später in einem Interview verriet, war er dem Regisseur für die Rolle zu dick geworden. Sein Part ging stattdessen an Schauspielkollege Mark Wahlberg.

Clever!

Warum werden in Gewächshäusern Töpfe mit Getreidepflanzen aufgestellt?

A Raubfliegen sollen sich ansiedeln und Blattläuse bekämpfen.

B Das ausströmende Ethylen lässt Gemüse schneller reifen.

C Sie filtern Schadstoffe und schützen so die angrenzenden Pflanzen.

A **Raubfliegen sollen sich ansiedeln und Blattläuse bekämpfen.**

Als »Nützlinge« werden Insekten oder Spinnentiere bezeichnet, die sich von Schädlingen ernähren. Nützlinge stellen eine natürliche Art der Schädlingsbekämpfung dar. Raubfliegen gelten als Nützlinge. Um sie anzusiedeln, werden in Gewächshäusern oft Pflanzentöpfe mit Getreide aufgestellt. Darauf leben Getreideblattläuse, die wiederum als Nahrungsgrundlage der Raubfliege dienen. Haben sich die Nützlinge dann angesiedelt, bekämpfen sie auch andere Blattlausarten.

Clever!

Der Strunk eines Chinakohls ...?

A entwickelt getrocknet reinigende Saponine

B kann als Stempel für Rosenbilder genutzt werden

C eignet sich zum Polieren von Glasoberflächen

B **kann als Stempel für Rosenbilder genutzt werden**

Der abgeschnittene Strunk eines Chinakohls muss nicht direkt im Müll landen, sondern kann weiterverwendet werden. Mit seiner krausen Struktur eignet er sich ausgezeichnet als Stempel. Mit roter Stempelfarbe lassen sich im Handumdrehen schöne Rosenbilder auf Papier oder Stoff drucken.

Clever!

Wer einen Kondensationstrockner im Badezimmer betreibt, sollte ihn nicht nutzen, wenn ...?

A während dessen geduscht wird

B ein Föhn in unmittelbarer Nähe eingeschaltet ist

C die Raumtemperatur weniger als 13 Grad Celsius beträgt

A

währenddessen geduscht wird

Die meisten Wäschetrockner, wie zum Beispiel ein Kondensationstrockner, saugen die Umgebungsluft an, um sie ins Gerät hineinzuführen. Wird ein Trockner im Bad betrieben, sollte auf ausgiebiges Duschen vor oder während des Vorgangs verzichtet werden. Durch das Duschen herrscht eine hohe Luftfeuchtigkeit. Dadurch braucht der Trockner länger und die Wäsche wird unnötig strapaziert. Im besten Fall steht ein Trockner also an einem kühlen, gut belüfteten Ort.

Trick 17

Wann sollte Wurzelgemüse geerntet werden, damit es nicht so schnell schrumpelig wird und weniger Schadstoffe enthält?

A morgens, wenn das Gemüse noch am meisten Wasser enthält

B mittags, wenn die Nährstoffbildung auf dem Höhepunkt ist

C abends, wenn die Außentemperaturen bereits gesunken sind

C **abends, wenn die Außentemperaturen bereits gesunken sind**

Einige Wurzelgemüse weisen einen hohen Nitratgehalt auf und sollten daher nur in Maßen verzehrt werden. Die Nitratkonzentration kann aber auch durch den Erntezeitpunkt beeinflusst werden. Denn Pflanzen reichern den Nährstoff über Nacht an und bauen ihn tagsüber bei der Eiweißbildung zum Teil wieder ab. Nitratreiche Wurzelgemüse wie Rote Bete oder Radieschen sollten daher besser abends geerntet werden. Im Sommer jedoch erst, wenn die Temperaturen gesunken sind, weil aufgeheiztes Erntegut schneller schrumpelig wird.

Damals

Die Nahrungsmittelversorgung der Bürger Mesopotamiens um 2000 vor Christus …?

A wurde einmal im Jahr per Abstimmung festgelegt

B umfasste pro Person drei Liter Bier am Tag

C entsprach vom Nähr-wert den heutigen Empfehlungen der WHO

C

entsprach vom Nährwert den heutigen Empfehlungen der WHO

Der mesopotamische Staat spielte bei der Versorgung seiner Bürger eine wichtige Rolle. So legten Verteilungslisten fest, dass jedem erwachsenen Mann monatlich 30 Kilogramm Gerste zustanden, Frauen etwa die Hälfte und Kindern um die 6 Kilogramm. Die Bürger ergänzten diese zentral verteilten Getreidegaben durch gekauftes oder selbst angebautes Obst und Gemüse oder durch Fischfang. Kulturhistoriker gehen davon aus, dass die Zusammensetzung der Ernährung – in Bezug auf Nährwerte wie Kohlenhydrate, Proteine und Fette – tatsächlich etwa dem entsprach, was auch heute von der WHO empfohlen wird.

Damals

Griechische Tempel ...?

A waren oft barrierefrei

B besaßen meistens eine Besuchertoilette

C wiesen bereits Fluchtwege auf Steintafeln aus

A **waren oft barrierefrei**

Wie aus alten Schriften und Vasenabbildungen überliefert, waren gehbehinderte Menschen, ob durch Kriegsverletzungen, Krankheitsfolgen oder angeborene Fehlbildungen, ein selbstverständlicher Teil der antiken griechischen Gesellschaft. Das spiegelte sich auch in der Architektur wider. Viele antike Tempel wiesen Steinrampen auf, die einen barrierefreien Zugang ins Innere ermöglichten. Besonders Tempel, die ihren Besuchern Heilung versprachen, besaßen mehrere dieser Rampen, die den Besuchern das beschwerliche Treppensteigen ersparten.

Film & Fernsehen

Welche dieser ehemaligen *Tatort*-Kommissare waren am häufigsten im Einsatz?

A Stoever und Brockmöller in Hamburg

B Ehrlicher und Kain in Dresden und Leipzig

C Lürsen und Stedefreund in Bremen

B

Ehrlicher und Kain in Dresden und Leipzig

Lürsen und Stedefreund kommen auf insgesamt 34 gemeinsame Einsätze, Stoever und Brockmöller immerhin auf 38. Doch mit Ehrlicher und Kain, verkörpert von Peter Sodann und Bernd Michael Lade, können sie nicht mithalten: Von 1992 bis 2007 bildeten sie in 45 Folgen das Ermittlerteam.

Film & Fernsehen

Weil sich die Dreharbeiten des Kultfilms *Dirty Dancing* verzögerten, mussten ...?

A vor jedem Drehtag mehrere Tonnen Schnee weggeschippt werden

B die Blätter der Bäume mit grüner Farbe besprüht werden

C riesige Ventilatoren aufgestellt werden

B **die Blätter der Bäume mit grüner Farbe besprüht werden**

Der Kultfilm *Dirty Dancing* von 1987 handelt von der siebzehnjährigen Frances »Baby« Houseman, die 1963 in den Sommerferien mit ihrer Familie Urlaub in einem Ferienresort in den Catskill Mountains macht. Dort verliebt sie sich in den Tanzlehrer Johnny Castle. Die meisten Szenen wurden allerdings in North Carolina und in Virginia gedreht. Da sich die Dreharbeiten in den Oktober verzögerten, färbten sich die Blätter der Bäume schon rot. Um trotzdem den Schein des Sommers zu bewahren, besprühte die Filmcrew die Blätter für die Aufnahmen mit grüner Farbe.

Clever!

Wie kann im Supermarkt gekauftes Basilikum im Topf gestärkt werden?

A getrockneten schwarzen oder grünen Teesatz unter die Erde heben

B mit dem Saft einer frisch gepressten Zitrone gießen

C direkt nach dem Kauf die unteren Blätter entfernen

A **getrockneten schwarzen oder grünen Teesatz unter die Erde heben**

Im Supermarkt gekauftes Basilikum wird zu Hause oft nach kurzer Zeit schlapp. Der Topf enthält wenige Nährstoffe, die schnell verbraucht sind. Um die Pflanze zu stärken, kann schwarzer oder grüner Teesatz gesammelt und getrocknet werden. Vorsichtig unter die Erde gehoben, bauen Mikroorganismen die organische Substanz ab und der Boden wird mit Nährstoffen wie Stickstoff, Kalium und Phosphor versorgt. Dieser natürliche Düngeeffekt kann durch das Gießen mit abgekühltem Tee unterstützt werden.

Clever!

Um die Haltbarkeit der meisten Dampfbügeleisen zu verlängern, sollte ...?

A damit kein Jeansstoff gebügelt werden

B es nach jedem Gebrauch in Styropor gelagert werden

C das destillierte Wasser mit Leitungswasser gemischt werden

C **das destillierte Wasser mit Leitungswasser gemischt werden**

Destilliertes Wasser wird oft für Dampfbügeleisen verwendet. Doch was viele nicht wissen, ist, dass die meisten Bügeleisen für den Betrieb mit Leitungswasser geeignet sind. Destilliertes Wasser kann sogar die Korrosion der Oberflächen im Innern des Bügeleisens erhöhen, da es mehr Teilchen aufnehmen kann als Leitungswasser. Bei sehr hartem Leitungswasser wird daher empfohlen, es mit destilliertem Wasser zu mischen. Das Verhältnis richtet sich dabei nach dem Härtegrad des Leitungswassers. Dieser kann beim örtlichen Wasserversorger erfragt werden.

So vergeht die Zeit bis Weihnachten wie im Flug!

Wer weiß denn sowas?

Der Adventskalender zur beliebten Wissensshow im Ersten

100 Seiten | Hardcover | 12,99 € (D) | 13,40 € (A)

ISBN: 978-3-7423-1532-8

Die Wissensshow *Wer weiß denn sowas?* genießt Kultcharakter im Ersten und verkürzt nun auch allen Rätselfreunden und Fans mit kniffligen wie spannenden Fragen die Adventszeit. Hinter jedem der 24 Türchen zum Aufreißen verstecken sich drei unglaubliche, amüsante und überraschende Fragen und Antworten zum Miträtseln und Staunen. Ob Wissenschaft, Tierwelt oder tägliches Leben – mit diesem Adventskalender stellst du dein Wissen in den unterschiedlichsten Themengebieten auf die Probe und lernst garantiert noch einiges dazu.

Mit neuen kniffligen und spannenden Fragen aus der beliebten Wissensshow *Wer weiß denn sowas?* verkürzt dieser Adventskalender allen Rätselfreunden und Fans die Vorweihnachtszeit. Jedes der 24 Türchen zum Aufschneiden enthält drei abwechslungsreiche und außergewöhnliche Fragen und Antworten zum Miträtseln und Staunen. So vergeht die Zeit bis Heiligabend wie im Flug. Und unterm Weihnachtsbaum kannst du anschließend mit allerlei Wissen aus Themengebieten wie Wissenschaft, Tierwelt oder tägliches Leben glänzen.

Rätselnd durch
den Advent!

Wer weiß denn sowas? 2
Der Adventskalender zur beliebten
Wissensshow im Ersten
100 Seiten | Hardcover | 13,00 € (D) | 13,40 € (A)
ISBN: 978-3-7423-1823-7